HISTOIRE
DE
CARCASSONNE

Spécialement rapportée aux temps antiques
de la cité,

PAR H.-C. GUILHE,

Auteur des Histoires du Lauragais et de Bordeaux.

Nescio quâ natale solum dulcedine cunctos
Ducit, et immemores non sinit esse sui.

Je ne sais quelle douceur entraîne tous les hommes
vers leur pays natal, et ne permet à personne de l'oublier. (UN ANCIEN.)

BORDEAUX,
IMPRIMERIE DE BALARAC JEUNE, RUE DES TROIS-CONILS, 8.

1838.

Lk⁷/1646

HISTOIRE

DE

CARCASSONNE,

SPÉCIALEMENT RAPPORTÉE AUX TEMPS ANTIQUES DE
LA CITÉ.

HISTOIRE

DE

CARCASSONNE

Spécialement rapportée aux temps antiques
de la cité,

PAR H.-C. GUILHE,

Auteur des Histoires du Lauragais et de Bordeaux.

*Nescio quâ natale solum dulcedine cunctos
Ducit, et immemores non sinit esse sui.*

Je ne sais quelle douceur entraîne tous les hommes
vers leur pays natal, et ne permet à personne de l'oublier.
(UN ANCIEN.)

BORDEAUX,

IMPRIMERIE DE BALARAC JEUNE, RUE DES TROIS-CONILS, 8.

1838.

A MON PAYS.

Des circonstances impérieuses m'ont obligé de te quitter ; mais tu n'es jamais sorti de ma pensée. C'est encore vers toi qu'elle se tourne dans mes dernières années. Ta langue, ta poésie, tes habitudes et tes rians paysages m'occupèrent sans cesse sur une terre éloignée. J'ose t'offrir ton histoire. Puisses-tu l'accueillir avec autant de bienveillance que ma plume se fait d'honneur en te l'offrant!

AVANT-PROPOS.

Il est assez ordinaire que dans les écrits historiques, on passe rapidement sur les antiquités quelquefois obscures, pour s'étendre sur des faits qui doivent intéresser davantage parce qu'ils sont récens.

Je me suis permis de faire l'opposé dans cet ouvrage sur Carcasonne. C'est son histoire moderne qui me semble suffisamment connue, et son histoire antique qui m'a paru demander quelques nouveaux détails.

L'histoire du Lauragais ayant été vue avec bienveillance dans mon pays, Carcassonne étant d'ailleurs devenue le centre de son administration et les mêmes sources pouvant servir à de nouvelles recherches, j'ai dû me décider à tenter quelques essais sur l'ancienne Carcassonne, ce qui n'est guère autre chose que la suite de mon premier travail.

J'espère que cette suite sera reçue favoblablement. Les temps des grands in-folio sont passés ; le goût des ouvrages en nombreux volumes passe aussi chaque jour. Dès lors, c'est un service à rendre que de réduire à peu de pages ce qu'une histoire a d'essentiel. Les longs ouvrages me font peur, a dit un poète : j'ai donc tâché de renfermer dans un petit cadre ce que l'histoire de Carcassonne peut avoir d'intéressant.

On sera bien aise de connaître les sources où j'ai puisé mes renseignemens. Ces sources, vu la nature du sujet, ne peuvent être fort abondantes.

Les auteurs de l'histoire ancienne se bornent à César, Strabon et Pline.

Ceux de l'histoire moderne sont Moréri, Catel, de l'Estang, Hénault, Dom Vaissete, l'Itinéraire de Jérusalem et le père Bouges (Augustin), chez qui l'on trouve le précis de Devic, chanoine; de Besse, historien; de Philomène, sur dame Carcas, et des archives nombreuses qu'il avait consultées comme existant à son époque.

A ces autorités anciennes, j'ajoute la statistique moderne du baron Trouvé, ancien préfet de l'Aude, le dernier ouvrage historique que l'on ait publié sur Carcassonne.

HISTOIRE

DE

CARCASSONNE,

SPÉCIALEMENT RAPPORTÉE AUX TEMPS ANTIQUES DE LA CITÉ.

CHAPITRE PREMIER.

Le premier auteur qui parle de Carcassonne est César dans son histoire des Gaules. Il raconte que faisant entreprendre par Crassus la conquête de l'Aquitaine, et la commençant par les Sociates, ceux de Carcassonne, comme ceux de Narbonne, lui fournirent de vaillans soldats (livre 3).

Il est probable que cette ville n'existait point dans la Gaule Celtique, lorsque le midi de cette Gaule était en partie occupé par les Tectosages, et que cette nation était divisée en Tolosates, Atacins et Sardons.

Il est probable aussi que les populations atacines partagèrent les expéditions et les destinées des Tectosages, dont elles faisaient partie.

Ainsi donc il est à croire que les Atacins suivirent Ségovèse s'établissant en Allemagne dans la forêt Hercinie ;

Brennus dans son expédition de Rome et de Delphes ;

Et Lutatius qui contribua pour sa part à la conquête de la Galatie, dernière entreprise des Gaulois du Midi.

Mais les Atacins jouaient un rôle trop faible dans la nation, pour que l'histoire les nomme d'une manière spéciale.

Toutefois c'est dans leur pays que l'*Atax* des premiers temps devenant navigable, il se faisait une communication commerciale entre Bordeaux et Marseille de cette manière : Bordeaux, la Garonne jusqu'à Toulouse ; une voie de terre de Toulouse jusqu'au point navigable de l'Aude ; l'Aude et la Méditerranée jusqu'à Marseille. — Ainsi d'une manière réciproque pour le retour de Marseille à Bordeaux. (Strabon, liv. 4).

Du reste, l'invasion romaine ayant rompu l'ancienne liaison de commerce entre Bordeaux et Marseille, les Romains y substituèrent une voie ou route dont les fragmens subsistent encore, tant elle avait de solidité. Cette route, partant de Bordeaux, passait par La Brède, Bazas, le pays de Nérac et Toulouse, se dirigeant vers Carcassonne, Narbonne et les pays italiens.

CHAPITRE II.

Il est donc à croire que Carcassonne ne remonte qu'à l'époque des Romains, où, pour empêcher les Carthaginois de venir dans l'Italie par l'Espagne, les Pyrénées, la Gaule et les Alpes, Rome envoya fonder la colonie de Narbonne comme défense du sol italien.

L'histoire parle de l'intelligence des peuplades gauloises avec les armées carthaginoises, ménagée par l'habileté d'Annibal.

On sait que Carthage et Rome, situées l'une et l'autre sur la Méditerranée, étaient en face, et que Carthage s'était introduite en Espagne, dont elle occupait les deux tiers vers le sud, tandis que Rome occupait l'autre tiers vers le nord.

On sait qu'une méprise mutuelle rendit ces deux villes rivales : Carthage crut que Rome voulait devenir commerçante, et Rome crut, de son côté, que Carthage voulait devenir conquérante, double projet qui dut leur mettre les armes à la main.

On sait aussi qu'il y eut trois guerres puniques ou carthaginoises; que dans la première la ruine de Carthage fut commencée; que dans la seconde Annibal faillit à prendre Rome, et que dans la troisième Carthage fut brûlée et détruite par les Romains.

Il est probable que la position où s'éleva Carcassonne fut choisie pour être un poste de défense en avant; en effet, la Cité, comme on l'appela quand la ville basse n'était encore qu'un faubourg informe, ne fut jamais et ne pouvait être que ce qu'on nomme un fort ou château, l'espace n'étant pas assez grand pour y former une ville considérable.

Du reste, sous les Romains, les fortifications de ce château furent d'assez peu d'étendue. Narbonne demeura toujours place essentielle, même dans les siècles qui suivirent : ce qui l'exposa sans cesse à des dévastations périodiques, suivies de continuelles restaurations.

Lorsqu'au second ou troisième siècle le christianisme fut prêché vers le midi de la Gaule, ce fut à Narbonne qu'il s'établit. Il dut s'étendre vers Carcassonne; mais Narbonne continua d'être lieu principal. Le fort de Carcassonne et ses environs dépendirent long-temps de Narbonne.

CHAPITRE III.

L'invasion des Barbares fit de grands changemens en Europe.

Des populations entières, voyant s'affaiblir cet empire romain qui si long-temps les avait subjuguées, contenues ou repoussées dans leurs frontières, se débordèrent comme des torrens féroces, furent détruites dans leur marche comme les Cimbres, ou se succédèrent en divers pays : les Alains et les Suèves se fixèrent vers l'ouest de l'Espagne; les Vandales allèrent relever Carthage. Bientôt arrivèrent les Visigoths ou Goths de l'Ouest, qui s'établirent d'une manière plus fixe. Les Vandales furent détruits par Bélisaire, qu'envoya contre eux en Afrique l'empereur Justinien. Bélisaire devint depuis un exemple mémorable de l'ingratitude des princes.

Les changemens faits par les Barbares s'étendirent vers le midi de la Gaule et sur les établissemens narbonnais.

Les Visigoths, division occidentale des peuplades gothiques, vinrent des contrées d'Italie.

Alaric I.er prit et reprit Rome, y déposant, dit-on, le fruit des pillages que ses armées avaient faits dans la Palestine, dans la Grèce et dans l'Italie elle-même.

Ataulphe pénétra dans les Gaules qu'il ravagea comme un Barbare.

Sigeric s'y maintint peu dans la suite, à raison de sa conduite cruelle.

Mais Vallia, secondé par Honorius, avec lequel il fit un traité durable, fonda le royaume visigoth de Toulouse, qui continua près d'un siècle et qui ne fut pas sans quelque splendeur.

A la suite, régnèrent Théodoric I.er, Thorismond, Théodoric II, Euric ou Théodoric III, le plus illustre de tous, dont le successeur fut Alaric II, son fils ou son frère.

Les mesures changèrent avec la différence de position politique.

Carcassonne, jadis château de défense contre les peuplades gauloises, devint un point plus essentiel encore contre le retour des armées romaines ou les entreprises de Barbares nouveaux.

Alors Carcassonne fut séparée de Narbonne, même sous le point de vue religieux; et quand Clovis et ses victoires eurent rejeté les Visigoths au delà du Lampi (*Lampius*, chronique de Montoulieu), Carcassonne et la Septimanie eurent leurs évêques particuliers, quoique dépendans des métropolitains de Narbonne.

Ce furent les Visigoths qui, sous Théodoric I.er, élevèrent les fortifications de Carcassonne, devenue la place forte de leurs possessions dans la Gaule.

Ce fut lui, dit-on, ou ses premiers successeurs, qui déposèrent dans ce château fort les richesses conquises par les armées visigothes.

Alaric I.er ne vit point Carcassonne; mais l'habitude d'y déposer la fortune publique fut continuée jusqu'au règne d'Alaric II.

Bientôt survint la guerre avec les Francs.

Les Francs étaient une réunion de peuplades franches ou libres. Cette réunion venait de la Germanie, et se composait de Sicambres, de Saliens, de Velches, de Ripuaires, et d'autres peuplades qui quittaient leur sauvage patrie, pour s'établir dans des pays plus heureux.

C'est des Saliens, chez qui les seuls mâles héritaient, que nous est venue la loi Salique.

La guerre des Francs fut long-temps méditée par Clovis, Lovis ou Louis, soldat jaloux, ambitieux et barbare.

Une bataille décisive fut donnée à Poitiers,

sur les bords du Clain, assez petite rivière. Alaric y fut tué de la main même de son adversaire. L'histoire déplore la mort d'un prince digne d'une meilleure destinée par ses talens, ses vertus, son courage et sa généreuse administration.

La France nouvelle s'étendit jusqu'aux bords du Lampi.

Le Lampi fut autrefois plus considérable, et servit de frontière entre les Francs de Toulouse et les Visigoths de Carcassonne. Depuis qu'on a pris ses eaux pour alimenter Saint-Ferréol, par la rigole de la montagne Noire, cette rivière est à peine mentionnée dans les descriptions.

Ce fut alors qu'on essaya de faire de la Gothie française une province espagnole. Ce fut alors aussi que Carcassonne eut son évêque catholique, son église cathédrale, sa maison épiscopale, son chapitre quelque temps régulier avec ses habitations canoniales, et qu'une sorte de petite ville se forma tout autour du fort.

On conçoit que les autres établissemens utiles, comme un hôpital, une police, une ancienne église fondée, dit-on, par Saint Saturnin de Toulouse à son passage, et devenue paroisse pour ne pas détourner le chapitre, s'éle-

vèrent à mesure que l'exigèrent les circonstances du temps.

Le fort eut son logement pour le gouverneur et sa garnison tour à tour commandée par les châtelains voisins, et liant sa défense aux forteresses des Ilhes.

Ces forteresses s'élevaient au nombre de trois, peu distantes les unes des autres, et se prêtaient à leur mutuelle défense, ce qui fait croire à leur communicatiion avec Carcassonne et son château principal.

Du temps de De l'Estang (1609), chacun des châteaux des Ilhes ou tours de Cabardès avait un capitaine gagé par le roi. Dix-huit villages voisins étaient dispensés de la taille, à condition d'aller y monter la garde à leur tour, traités comme les mortes-payes, garnison permanente du château de Carcassonne. Les tours des Ilhes étaient hautes, et bâties en pierres de taille. Quand je les ai vues, elles paraissaient abandonnées. Elles doivent durer encore; mais les gens du pays ont perdu la trace de leur ancienne destination.

CHAPITRE IV.

Les choses étaient assez paisibles dans la Gothie carcassonnaise, après quelques tentatives infructueuses des Francs pour se rendre maîtres de la place et de ses richesses, lorsque les affaires politiques prirent une nouvelle face amenant d'autres événemens.

Les rois visigoths d'Espagne continuaient d'être un peu barbares; leurs mœurs n'étaient rien moins que pures, et le respect pour les femmes leur paraissait un faible trop au-dessous d'eux.

Les Sarazins, Arabes ou Maures, maîtres de l'ancienne Mauritanie, attendaient en Afrique une occasion favorable pour étendre leurs conquêtes au nord.

Cette occasion favorable se présenta bientôt, et ce furent les mauvaises mœurs qui l'offrirent.

Les rois visigoths s'étaient succédés en Espagne, au nombre de dix-huit, dans cet ordre :

Amalric, fils d'Alaric II, épousant Clotilde,

fille de Clovis et de Sainte Clotilde ; assassiné par des Francs en Espagne, pour avoir voulu forcer sa femme à devenir arienne, comme il était arien ;

Theudis, assassin d'Amalric ; lui-même assassiné ;

Theudigèle, assassiné de même après un an de règne ;

Agila, mort de la même manière ;

Athanagilde, élu par les troupes, mort de maladie ;

Lieuva, partageant avec Lieuvigilde, son frère, et gardant la Septimanie ;

Lieuvigilde, ayant pour son lot l'Espagne, devenant ensuite roi des deux parties, et faisant trancher la tête à son fils Herménédile, catholique et mis au rang des saints ;

Récarède, se faisant catholique (567), et dont le règne marque comme un règne heureux ;

Suintilla (601), prenant son fils pour collègue, acte suscitant une révolte faite par Sisenand ;

Sisenand, se faisant confirmer par un concile espagnol ;

Chintila, choisi pour succéder à Sisenand ;

Tulca, son fils, élu, mais détrôné en suite ;

Chindarvinde, faisant associer son fils au trône;

Rescivinde, habile politique, perfectionnant les lois visigothes;

Vamba, grand prince élu pour remplacer Rescivinde, mais empoisonné;

Ervinge, choisi pour succéder à Vamba;

Egica, succédant à son beau-père Ervinge;

Vitiza, détrôné par Roderic ou Rodrigue;

Rodrigue, causant l'introduction des Maures ou Sarazins en Espagne.

L'influence de ces rois sur Carcassonne n'ayant été ni longue ni directe, c'est à l'histoire d'Espagne qu'appartiennent les détails de leurs actions.

Rodrigue, le dernier des rois visigoths d'Espagne, séduisit la fille du comte Julien, gouverneur de Guadir ou Cadix, et postérieurement Gibraltar, vers le midi de la Péninsule.

Le comte demanda que sa fille fût épousée, comme étant d'assez bonne famille pour être reine.

Sur le refus de Rodrigue, Julien déguisa son ressentiment, et prépara de loin sa vengeance.

Il lia des intrigues avec Tarik et les Maures de la côte africaine, et, quand il crut ses mesures bien assurées, il ouvrit l'Espagne aux ambitieux Sarazins ; ceux-ci le punirent de sa trahison.

Il leur fut ensuite facile de se répandre comme un torrent, leur invasion étant préparée de loin, mais non attendue des Visigoths en Espagne *.

L'Espagne fut donc envahie, et de suite organisée à la manière des états arabes. Elle dépendit d'abord des kalifes Ommiades de Syrie, ayant non Damas, mais Cordoue pour capitale particulière.

Depuis, Ambiza, gouverneur de l'Espagne arabe, la divisait en plusieurs petits royaumes ou provinces royales pour la mieux gouverner.

Tout cela se passait sous les Ommiades, dynastie fanatique et guerrière, et qui ne cherchait qu'à s'étendre, tout en répandant le Koran.

L'Espagne ne voulut jamais de la famille des Abassides, famille amie des arts et des lettres, qui, civilisée par Constantinople, illustrait l'em-

* La demande en mariage n'est pas bien certaine. On prétend que Rodrigue était déjà marié ; mais au fond l'histoire est constante. Suivant cette version, la fille de Julien fut outragée, et Julien introduisit les Maures pour venger cet affront.

pire des kalifes, tandis que l'Espagne et nous-mêmes nous étions des barbares et des ignorans.

On sait en effet qu'Almanzor, le deuxième des Abassides, établit le goût des lettres, soit à Bagdad, soit à Bassora. Les curieux y couraient en foule (753), dans le désir de s'instruire.

Almanzor, plusieurs fois vainqueur de Michel-le-Bègue, empereur de Constantinople, le forçant à la paix, obtint de lui l'envoi d'un grand nombre d'ouvrages rares ou curieux. C'est ainsi que fut établie la littérature des Arabes, qui figure honorablement dans l'histoire, soit des lettres, soit des arts, soit de la philosophie.

CHAPITRE V.

On ne sera pas fâché de trouver ici le précis de l'histoire des Arabes, liée aux événemens que nous aurons à décrire plus tard.

Mahomet, d'abord simple conducteur de chameaux, épousa la femme de son maître; et d'après ses conférences avec des juifs et des chrétiens, fit, dans son Koran ou livre, un mélange de judaïsme, de christianisme et de l'ancienne croyance des vieux Arabes. Ce Koran est une réunion de chapitres sans liaison et sans ordre, ayant tour à tour pour objet la croyance, la politique et l'hygiène de son pays.

Ces chapitres, émis suivant les circonstances par Mahomet, furent recueillis et mis ensemble par son premier successeur Abbu-Beker.

Mahomet fut à la fois législateur, conquérant et prophète.

Ses successeurs portèrent le nom de kalifes, nom qui veut dire pontifes-rois.

Il eut deux principaux successeurs : l'un fut

Omar, fondateur de la puissance des Turcs ; l'autre fut Ali, son gendre, fondateur de la croyance des Persans modernes.

On sait que les Perses antiques adoraient le soleil, ou plutôt Dieu même dans le soleil, et que ceux des montagnes adorent encore le feu, sous le nom de Guèbres, tandis que tous les autres sont à leur manière sectateurs de Mahomet (*).

(*) Aux premières croyances persanes tient tout un système d'idées qu'il est curieux de développer comme ayant remplacé le merveilleux de la fable.

Zoroastre, chez les Perses antiques, fut l'emblème de la philosophie ancienne.

La philosophie ayant eu deux époques, son histoire admit deux Zoroastres.

La doctrine du premier Zoroastre fut simple : Dieu seul vivifiant notre monde par le soleil, son image.

La doctrine plus compliquée du second Zoroastre admit des agens subalternes préposés aux quatre anciens élémens : les Gnomes et les Gnomides, attachés à la terre; les Ondins et les Ondines, ayant le domaine des ondes ; les Sylphes et les Sylphides, gouvernant les régions aériennes ; enfin les Salamandres et les Salamandrines, présidant aux régions du feu.

Ces agens élémentaires produisaient tous les phénomènes connus sous le nom de météores : les Gnomes, le-

Omar est célèbre par son dilemme. Il s'agissait de la bibliothèque d'Alexandrie, composée de sept cent mille volumes renfermés dans deux palais, et recueillis à grands frais par les deux premiers Ptolémées, rois de la seconde dynastie d'Egypte. « Ces livres, dit Omar, sont ou conformes au Koran, ou contraires au Koran : dans le premier cas ils sont inutiles ; dans le second ils sont dangereux ; dans les deux cas il faut les brûler ; » et la bibliothèque fut brûlée. Pendant dix mois, elle fut employée à chauffer l'eau dans les bains publics.

métaux, les volcans et les tremblemens de terre; les Ondins, les nuages, les brouillards, la pluie, la neige et la rosée; les Sylphes, les vents, les ouragans et les trombes; les Salamandres, les feux follets, les aurores boréales, les étoiles tombantes et l'arc-en-ciel. — Ces inventions gracieuses ont remplacé, dans beaucoup d'ouvrages de goût, les rôles surannés et vieillis de l'ancienne mythologie. — L'auteur des *Martyrs* a tenté, dans ces derniers temps, de mêler à ces machines poétiques les êtres supérieurs du christianisme : tentative infructueuse. Le christianisme, selon la remarque d'un spirituel archevêque, a du miraculeux, non du merveilleux.

Il n'est pas inutile de dire que, dans les premiers temps la mythologie fut raisonnable : elle n'admit d'abord qu'un seul Dieu, mais désigna par des noms dis-

Aussi le nom d'Omar est demeuré comme symbole de l'ignorance brutale, ainsi que celui de Néron comme emblème féroce de la cruauté.

Le kalife Hassan mourant empoisonné, fit passer la couronne à son parent Mohavie, l'un des Ommiades.

———

Mohavie descendait d'Ommiah, tige commune des Ommiades.

Ceux-ci furent conquérans et fanatiques ; ils étendirent la guerre et l'islamisme dans toute

tincts ses diverses opérations, que nous renfermons sous le nom unique de Providence.

Ainsi Saturne fut Dieu, comme auteur de la naissance, de la durée et de la mort des êtres ; Cérès fut Dieu, comme auteur des récoltes ; Mercure fut Dieu, comme auteur de l'industrie ; Cybèle désigna Dieu, comme auteur de tous les biens de la terre ; Vénus (*venustas*, beauté) signala la beauté merveilleuse des ouvrages de Dieu.

Dans les premiers temps, tout le monde comprenait ces emblèmes ; dans la suite, la légèreté des hommes et leur ignorance firent croire qu'il existait autant de dieux que de noms et d'emblèmes ; et ce fut ainsi que naquit le polythéisme (multiplicité de dieux), ou le paganisme (de *pagus*, village), né d'abord dans les villages.

Mais revenons à l'histoire.

l'Asie d'une part, et sur le nord de l'Afrique de l'autre.

Ce fut sous Valid II que le comte Julien appela Tarik et les Maures en Espagne.

Yesid II, possédant déjà Narbonne et Carcassonne, traversa le Languedoc, et même s'établit à Toulouse.

Sous Hassan, son frère, les Arabes s'avancèrent en France, attirés par Eudes d'Aquitaine contre Charles-Martel.

Sous Mervan, les Abassides, descendant par Abas du Prophète, aspirèrent au trône, gagnèrent une bataille contre les Ommiades, et s'emparèrent du pouvoir public.

—◆—

Vers le quinzième siècle, les Maures furent chassés de l'Espagne par les forces réunies de Ferdinand, roi d'Aragon, et d'Isabelle, reine de Castille, laissant après eux des monumens remarquables : la mosquée de Cordoue, soutenue par cent cinquante piliers de marbre noir, de jaspe et d'albâtre, et leur dernière possession, Grenade, riche en constructions d'architecture mauresque, l'Alhambra, le Généralif et tant d'autres, perte douloureuse dont ils furent des siècles à se consoler (*).

Après leur sortie d'Espagne, les Arabes furent successivement gouvernés par Almanzor, Almahadi et Musa-Alladi. Vint ensuite le célèbre Aaroun-al-Raschild, l'ami de Charlemagne, son contemporain, son modèle et son émule.

Ce fut alors que les lettres, empruntées de Constantinople, fleurirent parmi les Arabes, les rendant illustres dans leur langue, la géographie, les arts, l'architecture, le commerce, la dialectique, la chimie, la botanique, la médecine, l'histoire, les voyages et l'arithmétique nouvelle qu'ils avaient empruntée des savans de l'Inde. **Ce fut en quelque sorte leur âge d'or.**

(*) On connaît les révolutions de l'architecture ; elle fut successivement gigantesque, comme dans les pyramides d'Egypte et les jardins suspendus de Babylone ; régulière, comme dans les trois genres de l'architecture grecque, le grave ou le dorique, l'élégant ou l'ionique, et le léger ou le corinthien ; sauvage, comme dans le genre saxon ; hardie, comme dans le genre des Goths ; et légère, comme dans le genre arabe ou mauresque.

La France méridionale, en contact avec les Maures Abassides, fut la première civilisée.

La langue *doc*, à bonne heure perfectionnée, eut ses troubadours ou poètes, ses jongleurs ou premiers comiques, ses ménestrels composant leurs orchestres, ses historiens et ses autres écrivains en prose, tandis que le nord de la France parlait une langue barbare et sans productions.

CHAPITRE VI.

Surpris par la subite invasion des Arabes, les Visigoths se réfugièrent dans les Pyrénées. Les Maures essayèrent de les y poursuivre, mais ne purent les y forcer.

Les choses en étaient là, les Maures essayant toujours de s'étendre, quand des circonstances nouvelles amenèrent de nouvelles espérances, comme aussi de nouveaux événemens.

La première race venait de finir, et Charles-Martel, sous le nom de maire du palais, jettait les fondemens d'une dynastie nouvelle.

Le maire n'était d'abord que l'intendant du prince (*major domûs*), comme le connétable, le chef des écuries (*comes stabuli*), ainsi de même du panetier, du bouteiller, et des autres fonctionnaires, qui de simples domestiques devenaient à mesure des grands seigneurs.

Eudes, duc d'Aquitaine, se croyant dans ses domaines au moins l'égal d'un simple maire du palais, refusa de reconnaître cette autorité nouvelle. Charles arma contre le duc d'Aquitaine. Eudes appela d'au-delà des Pyrénées les Maures qui ne demandaient pas mieux que cette occasion. Munuza devait commander l'expédition ; mais il fut supplanté par l'ambitieux Abdérame.

Deux seules routes conduisent d'Espagne en France : celle de Bayonne et celle de Perpignan. Celle de Perpignan est la moins difficile : ce fut donc celle que suivirent les Sarazins.

Ils vinrent par Narbonne, Carcassonne, Toulouse, Montech, Castelsarrazin et les plaines adjacentes, jusqu'à Bordeaux, laissant partout d'hostiles traces de leur passage.

Les environs de Bordeaux sont pleins encore de vestiges mauresques.

Eudes se repentit d'avoir attiré de tels hôtes.

Il se réunit donc avec Charles, et les deux ensemble anéantirent l'armée musulmane dans les environs de Tours.

Furieux, les débris des Maures se retirèrent par la même route, faisant partout le dégât.

Il leur arriva, moitié par ambition, moitié par vengeance, de revenir par l'est des Pyrénées vers Narbonne, Carcassonne et leur voisinage, qu'ils occupèrent pendant plus de quarante ans.

C'est à cette époque que se rapporte l'anecdote de dame Carcas, qu'on prétend avoir donné son nom à la ville de Carcassonne.

Suivant la croyance populaire, la citadelle était occupée par les Sarazins. Charlemagne vint l'assiéger, et croyait la prendre par famine. La disette était grande et réelle, quand dame Carcas fit jeter du haut des murailles un porc qui, s'étant crevé dans sa chute, se montra tout rempli de grain. A cette vue, croyant la place approvisionnée pour long-temps, Charlemagne fit lever le siége.

Comme les Français se retiraient, dame Carcas, montant sur les murailles, les appelait par moquerie, et le peuple répétait : *Carcas* vous *sonne* (vous appelle), dont le nom de Carcassonne est venu (*).

Ce sont là deux véritables romans. La Septimanie étant devenue française depuis la chute des Visigoths, les Maures, repoussés en Espagne et contenus par Pepin-le-Bref, cessèrent d'inquiéter le midi de la France.

(*) L'histoire fabuleuse fait un bien autre conte; elle prétend que Carcassonne remonte à 550 ans, avant l'ère chrétienne, fondée par *Carchas*, l'un des sept eunuques du roi Assuérus. (Livre d'Esther, ch. I, v. 10).

Cette tranquillité fut consolidée par Charlemagne et ses conquêtes jusqu'à la frontière de l'Èbre, quelque temps après.

De longues guerres s'établirent entre les races maures et les Visigoths, et ces derniers, à force de constance, finirent par se débarrasser des Arabes.

Il fut livré trois mille sept cents combats ou batailles, dit Condillac (Hist., t. VII); une lutte semblable n'a point de fin : la victoire doit demeurer au plus opiniâtre.

CHAPITRE VII.

Quand les Maures furent obligés de quitter l'Espagne, qu'ils avaient occupée et possédée pendant huit siècles, ils essayèrent de n'être pas rejetés en Afrique. Nos landes étaient mal habitées et presque désertes, comme elles le sont encore à présent. Plusieurs Espagnols étaient demeurés chrétiens, dans un rit qu'on appelle mosarabique (*).

Henri IV régnait en France. On sait combien sa qualité de protestant, en servant de prétexte aux Guises, avait suscité contre lui d'oppositions et de haines. On sait aussi que, d'après les

---

(*) On prétend que le culte mosarabique ou musarabique remonte à l'époque de l'invasion des Maures, où Musa, gouverneur vers le midi de l'Espagne, permit aux chrétiens visigoths de cette partie de continuer l'exercice de leur culte. Il dura pendant longues années, et jusqu'à l'époque où les usages de Rome le firent proscrire en entier. Toutefois, avant les événemens actuels, il s'était conservé dans une chapelle de la cathédrale de Tolède.

croyances réformées, le salut étant possible chez les catholiques comme chez les protestans, Henri IV se fit catholique pour apaiser les factions. On sait enfin qu'on affecta de douter de sa bonne foi, de sorte qu'il périt de la main d'un scélérat dirigée par une intrigue de cour, la trame de quelques ambitieux et le fanatisme d'une secte ennemie.

Les Maures désolés s'adressèrent au bon Henri IV, lui demandant les landes, dont ils lui promettaient de faire une province fertile.

Les landes sont un pays sablonneux, semé de chênes, de pins et d'oasis qui se mêlent à de vastes bruyères. Le sol, jusqu'à certaine profondeur, est formé d'*alios*, nom que le pays donne à la terre glaise qui le recouvre. L'été, cette terre est dure et fendue, et par conséquent stérile ; l'hiver, elle retient l'eau des pluies qui tombent, de sorte qu'il en résulte des flaques, des mares, et comme l'apparence de lacs. La contrée serait, pense-t-on, fertile, si l'on pouvait enlever l'alios. Plusieurs compagnies ont à diverses époques entrepris ce travail : leurs essais n'ont pu réussir ; toutes s'y sont plus ou moins ruinées.

Henri IV n'accueillit point la demande des

Maures, non par aucune raison locale, mais par la crainte d'une destinée qu'il n'évita pas.

D'autre part, en Espagne, l'inquisition prétendant que leur religion était un mélange, les fit tous proscrire indistinctement.

A la suite de cette décision barbare, neuf cent mille Maures furent impitoyablement bannis de l'Espagne, plaie profonde qui saigne encore, et qui commença la ruine de ce pays. D'autres causes l'ont augmentée depuis : le clergé, composé de huit cent mille célibataires, hommes et femmes ; les nombreuses émigrations dans les deux Amériques ; les galions amenant tous les ans la paresse ; et l'inquisition éloignant des ports de l'Espagne les étrangers capables de faire fleurir les arts et le travail.

CHAPITRE VIII.

Pepin avait chassé les Sarazins de Carcassonne, de Narbonne et du Languedoc.

Charlemagne, faisant encore mieux, avait étendu ses conquêtes jusqu'à l'Èbre, et, par une alliance avec les Abassides, avait mis la France à l'abri de leurs incursions.

Le pays de Carcassonne, lié par son fils Louis-le-Débonnaire, comme dépendance et frontière à celui de Toulouse, en avait subi tous les changemens.

Il avait été successivement partie du duché de Toulouse et d'Aquitaine, après les violences de Dagobert sur son frère Charibert et sur sa famille.

Charlemagne avait ensuite réuni Toulouse, et par suite Carcassonne, à la monarchie.

Plus tard le même prince avait rétabli la royaume de Toulouse et d'Aquitaine pour Louis-le-Débonnaire, à dessein de s'attacher le midi de la France, et Carcassonne avait subi ce nouveau changement (760).

Ce royaume avait duré jusqu'à Charles-le-Chauve (877), administré par des ducs non héréditaires sans trouble et sans contestation, dans cet ordre : Torson (790), Guillaume (806), et Raymond Raphinel (810).

Quelques années ensuite, le pouvoir s'affaiblissant à mesure, quatre contendans s'étaient disputé l'administration souveraine : Varin (840), Bernard (843), et Guillaume II (844).

Un accord avait terminé la dispute; et pour rendre cet accord plus durable, ils avaient bu dans la même coupe du vin consacré.

Cependant Charles-le-Chauve nommait Fredelon comte de Toulouse et pays adjacens.

Vers cette époque commença la hiérarchie féodale; d'abord régulière, elle renferma : les ducs, commandant en chef les troupes; les comtes, rendant la justice; les vicomtes, suppléant les comtes; les viguiers ou vicaires, suppléant les vicomtes; les marquis ou marchions, surveillant et défendant les frontières ou marches; les anciens senieurs (*seniores*) ou seigneurs, faisant la police des villages; et les varons, barons ou capitaines, commandant les compagnies temporairement levées dans le pays. Montesquieu cherchait l'origine du système féodal. Il est sorti de fonctions d'abord amovibles, devenues par usurpation des propriétés héréditaires.

On voit que ces titres signifiaient autrefois quelque chose parce qu'ils désignaient des fonctions ; mais qu'ils n'ont plus de sens aujourd'hui, les fonctions ayant changé de nature, de nom et de forme.

Néanmoins les familles les conservent comme des souvenirs qui les consolent, parce qu'ils leur rappellent des siècles et des existences qui ne sont plus.

A l'avénement de Hugues Capet (907), les sept principaux seigneurs de France en l'élevant au trône s'étaient réduits à six pairs (*pares*), c'est-à-dire égaux entre eux ; trois ducs : le duc de Bourgogne, le duc de Normandie et le duc de Guienne ; et trois comtes : le comte de Champagne, le comte de Flandre et le comte de Toulouse.

Sur ce modèle, Louis-le-Jeune (1137) avait formé dans la suite six pairs ecclésiastiques : les ducs archevêques de Rheims, les ducs évêques de Laon, les ducs évêques de Langres, et les comtes évêques de Beauvais, évêques de Châlons, évêques de Noyon.

Depuis que dans la suite les rois avaient fait autant de pairs qu'ils avaient voulu, la pairie n'était plus un droit politique comme autrefois, mais une simple faveur du prince. Il en est encore de même des autres titres, épithètes creuses et vides qui n'ont plus de sens.

Bientôt commença l'ordre suivi du désordre féodal en France Les comtes de Toulouse devinrent graduellement indépendans, ayant sous leurs ordres les vicomtes, comme les vicomtes de Carcassonne; les viguiers, comme les viguiers de Saissac; les châtelains, comme les châtelains de Verdun; les barons, comme les barons de Ferrals; et les anciens sénieurs ou seigneurs, comme les seigneurs de Villemagne.

Si cet ordre avait pu se maintenir, la police de l'époque eût été supportable; mais bientôt les ambitions s'en mêlèrent. Chacun tendit à s'élever dans sa sphère, et dans ce conflit de tant de prétentions politiques, le désordre devint général.

Les seigneurs de Carcassonne s'appelaient alternativement vicomtes et comtes, suivant que leur obéissance était plus ou moins exigée de la part des comtes de Toulouse, leurs suzerains.

Ce fut dans ces désordres religieux d'une part et politiques de l'autre que s'élevèrent les résistances politiques et religieuses des Albigeois.

Les prétentions à l'indépendance étaient devenues générales dans les environs.

Les petits seigneurs du voisinage de Carcassonne s'étaient mis à lutter de prétentions et soutenaient des guerres fréquentes avec les comtes de Barcelonne.

Cependant avaient eu lieu les croisades. Les comtes de Toulouse, depuis Raymond IV, y figuraient d'une manière glorieuse, acquérant par l'éclat de leurs armes des possessions toujours nouvelles vers l'Orient.

Toutefois je ne sais si les troupes carcassonnaises étaient confondues avec celles des Toulousains : il le faut bien ; on ne trouve point que les vicomtes de Carcassonne soient nommés comme distincts dans les armées des croisés de Toulouse.

Quoi qu'il en soit, des mécontentemens amenèrent des résistances. Ces mécontentemens eurent surtout une cause religieuse, et certaines opinions nouvelles furent répandues dans le Midi.

Les partisans de ces idées nouvelles reçurent différens noms. Les haines accumulèrent les accusations, au point qu'on est embarrassé de savoir en quoi consistaient ces opinions singulières.

On varie sur les créateurs de ces dogmes bizarres : condamnés dans le concile particulier d'Albi, ceux qui les professèrent furent appelés Albigeois.

C'étaient des Ariens niant la divinité de Jésus-Christ ; des Manichéens admettant deux principes, l'un bon et l'autre mauvais ; des Vaudois se faisant pauvres volontairement ; des Humiliés prêchant l'humiliation ; mais tous ennemis du clergé romain et de la domination catholique.

Ces prétentions, suscitées par la haine et par l'ignorance, luttaient contre le despotisme croissant des pontifes romains.

Elles commencèrent sous Raymond V, continuèrent sous Raymond VI et sous Raymond VII, amenant la ruine de l'illustre maison de Toulouse.

CHAPITRE X.

Avant d'entrer dans les détails de cette guerre de fanatisme, il est naturel de connaître les vicomtes et comtes de Carcassonne qui précédèrent ces événemens historiques, et dont les derniers y furent liés.

D'abord avaient gouverné Carcassonne comme administrateurs amovibles : Dellon ; Oliba Ier ; Louis Eliganus ; Oliba II ; Acfred Ier, frère du précédent ; Bention, fils d'Oliba II ; Acfred II, second fils de Bention.

Les vicomtes et comtes logeaient dans le château de la forteresse.

Le premier que l'histoire nomme comme inamovible, est Bertrand, vicomte de Carcassonne avant d'être comte de Toulouse, sous le nom de Bertrand II (874).

Vient ensuite Roger Ier, son fils (887), après lequel se trouve une grande lacune de quatre-vingt-sept années.

Quand la lacune cesse (en 974), on trouve en exercice un vicomte, le vicomte Arnaud.

Deux fils, dit l'histoire, succédèrent au vicomte Arnaud.

Roger l'aîné fut comte de Carcassonne, et son cadet Othon fut comte de Razès.

Le Razès était un pays dépendant de Carcassonne, ayant pour capitale Limoux, et devenant comme l'apanage des seconds fils des vicomtes.

On prétend que le Razès tirait son nom d'un vieux château nommé Reda dans les chroniques, ou mieux d'une ville détruite qu'on nommait autrefois Razès. La statistique de l'Aude ajoute que César occupant le pays y fit construire un pont en un jour, ayant dans l'idée d'y passer l'Aude.

Quoi qu'il en soit, Limoux, d'abord situé sur une colline, fut détruit par ordre de Louis VIII, roi de France, et rebâti dans la plaine vers l'époque des Albigeois.

L'inquisition née à Toulouse fut primitivement essayée contre Limoux.

Jean XXII, voulant dédommager Narbonne de la perte de l'évêché de Toulouse, érigea Limoux en évêché; mais sur les représentations de l'archevêque de Narbonne, il le transporta l'année suivante dans la petite ville d'Alet, que les persécutions et les vertus de Pavillon ont rendu célèbre.

L'histoire de ce saint évêque est renfermée dans son épitaphe.

On l'appelle « le père des pauvres, le conseil » des gens de bien, la lumière et le soutien du » clergé, le défenseur de la discipline, de la vé- » rité et des libertés ecclésiastiques, un homme » humble au milieu des vertus et des éloges, » toujours le même dans des situations différen- » tes ; enfin un prodige de piété et de sollicitude » pastorale. (*Dictionnaire Historique*). » Il était persécuté par Louis XIV, poussé lui-même par une secte qui, suivant un dictum populaire, faitait du jansénisme une encre dont elle barbouillait ses rivaux.

Pour revenir à notre ordre chronologique, à Roger I.ᵉʳ succéda Roger II (976), après lequel gouvernèrent Raymond I.ᵉʳ (1012), et Roger III, mort sans enfans mâles (1016).

Après lui figure Bernard-Raymond Trincavel, son frère, vicomte en outre d'Agde et de Beziers.

Raymond Béranger, qui vint ensuite, posséda la ville de Carcassonne seule, le restant du territoire étant possédé, pour quelques prétentions de famille, par le comte de Barcelonne Raymond Borel.

Bernard Aton, fils de Raymond Béranger, mécontent de cette convention de son père, s'empara par surprise de Carcassonne; mais les habitans indignés le chassèrent.

Furieux, il revint avec une armée, fit le siége de la ville et la prit; excité par la vengeance, il massacra les habitans ou les mutila.

Mais alors le comte de Barcelonne vint au secours des Carcassonnais.

Obligé de céder, Aton, en se retirant, se contenta de la qualification de vicomte (1111).

Postérieurement Bernard Aton épousa Cécile, vicomtesse de Nîmes.

Il en eut trois garçons et trois filles.

L'aîné, Roger IV, fut vicomte de Carcassonne, vicomte de Razès et vicomte d'Alby. Il vécut et mourut sans enfans.

Raymond Trincavel, déjà vicomte de Beziers et d'Agde, prit la place de son frère Roger.

Il eut trois fils : Trincavel, mort en 1180; Raymond Trincavel, mort en 1190; et Roger Trincavel, mort en 1193.

CHAPITRE XI.

Ce fut à l'époque de Raymond Trincavel que les guerres contre les Albigeois commencèrent ; elles eurent deux périodes marquées : celle de Simon de Montfort et celle du roi Louis VIII.

Les papes, de simples évêques de Rome, étant devenus princes temporels ou dominateurs spirituels du monde, leurs envoyés ou légats étaient des ambassadeurs ou ministres, dans ce siècle d'ignorance, fort entreprenans.

Avant la première croisade albigeoise, le pape envoya des légats de Rome pour ramener les Albigeois. Ces légats prêchèrent avec un zèle accompagné d'une véhémence dont la mémoire s'est conservée dans l'histoire du temps. Du nombre des prédicateurs fut Izarn, religieux dominicain, inquisiteur à la fois et poète.

Les Albigeois de leur côté conservèrent une persévérance opiniâtre ; et Raymond VI, alors régnant à Toulouse, crut de sa paternelle sagesse de ne pas se mêler des affaires de religion.

Uniquement occupé du bonheur de ses peuples, il mettait tous ses soins à la prospérité de ses états. Il confirmait les libertés antiques religieusement conservées par Raymond V, et maintenues avant Raymond V par Alphonse, d'honorable mémoire.

Il jurait lui-même ces libertés avant de les faire jurer à son peuple, et les plus sages réglemens de police émanaient de son zèle admirablement éclairé pour le temps.

Le siècle vint l'occuper de questions qui, comme tant d'autres, auraient dû tomber d'elles-mêmes. — On le fit théologien à la manière de l'époque.

Cependant le pape proclamait tant à Rome qu'en France des indulgences et des pardons.

Cette manière expéditive et commode d'opérer son salut exalta partout le zèle des catholiques.

Il faut voir dans l'histoire avec quel empressement évêques, prêtres, moines, seigneurs, roturiers et paysans se croisèrent ; en un clin d'œil fut formée une armée de cinq cent mille hommes décidés à faire main-basse sur les Albigeois.

On doit croire que, vu les mœurs du siècle ;

ces hérétiques n'étaient pas plus doux. Chacun participe des mœurs de son temps ; et les mœurs de cette époque étaient, de chaque côté, dures, ignorantes et fanatiques.

Quoi qu'il en soit, l'armée catholique, portant la croix sur la poitrine, au lieu de la porter sur l'épaule, se forma sur le Rhône vers le mois de juillet.

Sa marche la conduisit vers Beziers, dépendant des vicomtes de Carcassonne.

Raymond Trincavel accourut de Carcassonne pour défendre ses domaines.

Une expédition horrible fut faite ; plus de quatre-vingt mille hommes périrent. Dans Beziers même dix-huit cents personnes, sans distinction de croyance et de sexe, furent brûlées dans une église sur la parole d'un légat fanatique, le 22 juillet. Tuez, tuez toujours, criait-il : Dieu saura reconnaître ses fidèles.

Trincavel défendant ses domaines et son pays fut, dit-on, pris dans la mêlée. Conduit à Carcassonne, les uns disent qu'il mourut de la dyssenterie, les autres prétendent que ce fut du poison.

Il avait pris pour épouse une femme de la maison des Raymonds toulousains.

Il fut remplacé par Raymond Roger, dont les opinions étaient les mêmes que celles de son père et de Raymond de Toulouse, son oncle.

L'armée poursuivit sa marche en avant; cette marche fut affreuse à mesure qu'elle avançait; elle vint poser le siége devant Carcassonne.

La ville fut investie, attaquée et prise.

Des barbaries incroyables la rendirent déserte : tous les habitans sans distinction en furent chassés sans vêtemens ni chaussures. Quant aux hérétiques signalés d'une manière particulière, ils furent tous brûlés ou pendus.

A mesure qu'elle s'avançait vers Toulouse, l'armée qui jusque là n'avait été qu'une masse enthousiaste et féroce, sentit qu'elle avait besoin d'un chef.

Soit intrigue, soit confiance, on choisit le duc de Leicestre, Simon de Montfort.

Simon s'empressa de donner suite à de si beaux commencemens.

Il désola Minerve ou Minerbe, dont il fit pendre ou brûler les habitans.

Il fit main basse sur le Lauragais. A Bram (1209) des prisonniers furent envoyés aux tours de Cabardes; mais préalablement on leur creva les yeux, on leur coupa le nez, et l'on n'en excepta qu'un seul conservant l'un des deux yeux, avec la charge de conduire la troupe

Le château de Castelnaudary fut pris de force, et l'on étendit le ravage sur les bourgs et villages des environs.

Cependant l'armée s'avançait vers Toulouse, quand elle fut arrêtée par Raymond VI. Le prince livra bataille à Simon. Simon, battu contre son attente, fut obligé de rétrograder; Raymond le poursuivit vivement jusqu'à Castelnaudary qu'il ne put reprendre. Arrêté, Raymond rétrograda vers Toulouse, se formant des ressources et des alliances nouvelles, et se campant avec son armée non loin de Muret.

Ce fut alors que, le croyant sans défense, Simon et le légat lui firent les propositions suivantes, en langue occitaine :

Que le comte cesserait la guerre et donnerait congé de suite à tous ceux qui lui donnaient aide et secours sans en retenir un seulement ;

Item, qu'il serait obéissant à l'église et réparerait tous les frais et dommages, et d'elle tant qu'il vivrait serait sujet sans aucune contestation ;

Item, qu'en toute sa terre il ne se mangerait que deux sortes de viandes ;

Item, que le comte Raymond chasserait tous les hérétiques et leurs alliés de toutes ses terres;

Item, que ledit comte Raymond baillerait et livrerait entre les mains dudit légat et du comte de Montfort tous et chacun de ceux qui par eux seraient déclarés et dits, et cela pour en faire à leur volonté et plaisir, et cela dans le terme d'un an;

Item, qu'en toutes ses terres, homme noble ou vilain ne porterait nul vêtement de prix, mais seulement des capes noires et mauvaises;

Item, que tous châteaux et places de sa terre lesquels sont de défense, il ferait abattre et démolir sans rien laisser;

Item, que nul gentilhomme des siens, ni noble, ne demeurerait ni n'habiterait dans aucune ville ni place; mais seulement dehors dans la campagne, comme s'il était vilain ou paysan;

Item, quand ledit comte Raymond aurait fait ce que ci-dessus comme il est dit, il s'en irait par-delà la mer faire la guerre aux Turcs infidèles, et cela dans l'ordre de Saint-Jean, sans plus jamais retourner en deçà, qu'autant que par ledit légat il lui serait mandé;

Item, qu'après tout ce que ci-dessus serait accompli comme il est dit, ses terres et seigneuries lui seraient remises et délivrées par ledit légat et comte de Montfort, quand il leur plairait.

Le comte de Toulouse, en voyant ces articles, se mit à rire, et les ayant montrés à son allié le roi d'Aragon, celui-ci lui dit en gascon : *Plan t'an pagat*, on t'a bien payé.

La guerre continua donc : bientôt fut livrée la bataille de Muret, à laquelle les chroniques donnent une teinte miraculeuse.

Le roi d'Aragon, l'un des alliés de Raymond, ayant été tué dès le début de la bataille, l'armée, composée de soixante mille hommes, fut découragée, et trois mille hommes, commandés par un enthousiaste, les vainquirent, prétendent les mémoires du temps.

Suivant les uns, Saint Dominique encourageait l'armée, un crucifix à la main ; suivant les autres, il était seulement en prières dans une église de Muret ; suivant tous, il contribua puissamment à la victoire

CHAPITRE XII.

Dès cette époque tout fut changé pour Raymond et sans doute par Raymond-Roger. Toulouse sans défense reçut le vainqueur, et Raymond céda ses domaines, y compris Carcassonne, moyennant une modique pension ; son fils n'obtint que l'apanage du comté de Provence.

Cependant le concile de Latran reconnaissait Simon comme possesseur légitime des états de Toulouse, et de Carcassonne par conséquent.

La Faille, annaliste de Toulouse, fait la remarque pieuse que tant que Simon n'avait eu que l'intention de défendre la croyance orthodoxe, le ciel avait favorisé ses armes.

Mais bientôt, dit-il, l'orgueil des conquérans ordinaires et la complaisance en lui-même corrompirent ses œuvres, ce qui le perdit.

Cependant il fit dans ce qu'il appelait ses domaines, des réglemens plus ou moins despotiques dont le texte suit, quant au sens.

Au nom de Notre-Seigneur :

Nous acheminons nos conseils comme par lui constitués en justice.

Nous Simon de Montfort, sur l'avis de huit vénérables prélats, de nos barons et principaux vassaux, établissons les règles générales dont suit la teneur :

Tous priviléges et libertés des églises et maisons religieuses sont maintenus.

Défense aux laïques d'ériger les églises en châteaux forts, ordre au contraire de les rendre aux évêques.

Nulle foire ou marché ne seront tenus le dimanche ; ils seront tranférés à tel autre jour.

Tout clerc coupable d'un crime quelconque sera remis pour être jugé soit à l'évêque soit à son archidiacre.

Chaque maison habitée de la terre conquise sera redevable envers le pape et l'église romaine de trois deniers melgoriens (le sou valait 18 deniers tournois) payables par an. La levée de l'impôt aura lieu du mercredi des Cendres au jour de Pâques.

Nuls barons ou chevaliers n'exigeront des redevances ni des églises ni des couvens.

Les paroissiens seront contraints d'ouïr la messe tous les jours de dimanche ou de fête.

En tout village, les maisons des hérétiques seront, s'il est nécessaire, transformées en églises ou maisons du curé.

Quiconque souffrira sciemment des hérétiques dans sa terre perdra cette terre et deviendra serf de son seigneur.

La justice sera rendue gratuitement au pauvre.

Nul hérétique, quoique réconcilié par l'église, ne sera revêtu de charge publique : toutefois un juif pourra témoigner contre un juif.

Nul hérétique réconcilié ne pourra demeurer dans sa première localité ; le comte lui marquera son nouveau domicile.

Tous clercs religieux ou pélerins traversant notre terre seront exempts de péages quelconques, à moins qu'ils ne soient marchands.

Tous gens de guerre, pendant vingt ans, serviront eux-mêmes le comte ; après cette époque seule, ils pourront se faire remplacer.

Nulle forteresse en démolition ne sera relevée sans la permission du comte.

Il est loisible aux sujets d'une seigneurie de passer dans une autre ; savoir : ceux de condition libre, en emportant leurs meubles seulement, et ceux de condition serve uniquement leur personne.

Si les inférieurs se plaignent des impositions mises sur eux par leurs supérieurs, elles seront modifiées dans une assemblée de chefs convoquée exprès par le comte.

S'il se fait quelque conspiration locale, elle sera punie par une amende analogue au rang des conspirateurs, dans cet ordre : barons, 10 livres ; chevaliers, 5 livres ; bourgeois, 3 livres ; ruraux, 20 sous.

Les boulangers et taverniers fraudeurs perdront leur pain et leur vin.

Les filles publiques seront chassées des villes.

Les dames ayant château fortifié ne pourront se marier ou remarier sans l'approbation expresse du comte.

Fait à Pamiers, le 1er décembre (1220) sauf la révision du pape.

Ces dispositions habiles mais tyranniques aliénèrent les Toulousains.

Montfort s'était éloigné pour affaires politiques du côté du midi, quand une insurrection se manifesta dans Toulouse.

Les mécontens fortifièrent leur ville et se mirent en état de défense.

Bientôt Montfort accourut furieux, assiégea la ville, la reprit et l'incendia.

Mais il fut encore obligé de s'éloigner, toujours pour conserver sa domination incertaine.

Raymond et Roger s'étaient réfugiés dans les Pyrénées, attendant les événemens.

Ils réunirent des forces rassemblées dans la Guienne et le Languedoc; de son côté, Montfort leva cent mille hommes et recommença le siége de Toulouse.

Mais sa destinée était arrêtée : comme il venait de visiter une machine de guerre, une pierre lancée par une femme l'atteignit et le tua sur le coup.

CHAPITRE XIII.

⚜

Successeur de son père, Simon Amaury n'eut ni son courage ni ses talens. Ses affaires déclinèrent de jour en jour, incapable comme il l'était de défendre ses possessions de Toulouse et de Carcassonne.

En sens contraire, Raymond, sa famille et Roger reprenaient courage, lorsque une mort inopinée vint atteindre Raymond le père au milieu de ses espérances et de ses succès.

Le pape, je ne sais pour quelle cause nouvelle, l'avait encore excommunié.

Par un zèle religieux louable, il s'était fait admettre dans l'ordre de Malte, dont, quand il serait plus calme, il espérait partager le zèle contre les musulmans.

A sa mort (1222) les chevaliers de Malte le couvrirent de leur manteau.

Ce fut en vain que son fils coajura le pape de permettre qu'on l'enterrât. Les haines de

Rome étaient pour lors opiniâtres et durables, Raymond demeura longues années sans sépulture, et l'on voyait scandaleusement ses restes dans l'église des chevaliers de Saint-Jean.

Mais qu'était-ce que ces chevaliers de Saint-Jean?

A mesure que les événemens avancent, on oublie les anciennes institutions. La Révolution a mis entre les temps anciens et les temps nouveaux un intervalle qu'on peut dire immense. Je pense qu'on ne sera fâché de connaître ce que c'était que ces chevaliers de Malte desquels on parle péécédemment.

Vers le dixième siècle s'établit l'usage des pèlerinages pour la rémission des péchés.

On allait se repentir et pleurer sur les tombes de Saint Jacques à Compostelle, des apôtres Saint Pierre et Saint Paul à Rome, et de Jésus-Christ lui-même à Jérusalem.

Jérusalem était possédé par les musulmans qui, profitant des circonstances, rançonnaient tous les pèlerins qui venaient en foule de l'Europe chrétienne.

Il existait déjà des hôpitaux convenables pour les héberger. Ces hôpitaux étaient au nombre de trois : l'un près de l'ancien temple, tenu par les Templiers, à la fois religieux et soldats; l'autre près de l'église de Saint-Jean, tenu par les chevaliers de Saint-Jean, destinés l'un et l'autre pour les pélerins méridionaux; et le troisième tenu par les chevaliers Teutons, pour les voyageurs venant des contrées allemandes.

Tous possédaient en Europe des terres pour leur entretien en Asie.

Nous perdîmes la Palestine par l'effet de l'ambition et de mœurs sans règle.

Quand nous en fûmes sortis, on fit le fameux procès aux Templiers, dont on brûla les principaux, sous prétexte faux ou vrai de dissolution; après quoi, l'on se partagea leurs dépouilles.

Obligés de quitter la Terre-Sainte, les chevaliers de Saint-Jean s'établirent dans l'île de Rhodes. Chassés de là par le Turc Soliman, Charles-Quint leur donna l'île de Malte, d'où long-temps ils défendirent la chrétienté contre l'islamisme, jusqu'à ce que, simple général encore, allant à son expédition d'Egypte, Bonaparte les éteignit en passant.

Quant aux chevaliers teutoniques, appelés par les rois de Pologne pour convertir par le sabre les Borussiens encore idolâtres, leur grand-maître a fini par devenir duc et postérieurement roi de Prusse, ce qu'il est aujourd'hui.

CHAPITRE XIV.

Raymond VII prit la place de son père. Montfort-Amaury se voyait chassé de ses terres de Toulouse et de Carcassonne, quand d'une part il fit excommunier son vainqueur, et de l'autre il provoqua l'entreprise d'une nouvelle croisade. Elle fut organisée et commandée par le roi de France; c'était alors Louis VIII, père de Saint-Louis. Philippe-Auguste, occupé d'affaires plus graves ailleurs, n'avait pu qu'approuver et laisser faire la première croisade.

Seconde croisade contre les Albigeois.

Venu par l'est de la France, Louis prit Avignon, Narbonne, Carcassonne et les plaines du Lauragais.

Il était à quelques lieues de Toulouse lorsqu'eut lieu la défection de Thibaut comte de Champagne.

C'était Thibaut IV, appelé le Grand de son talent pour la poésie, et le Faiseur de romances de la nature de son talent.

On prétend qu'il était épris de la reine Blanche, épouse illustre de Louis VIII

Etait-ce d'une passion poétique, était-ce d'une véritable passion ?

L'éditeur de ses œuvres affirme que ce n'était ni l'un ni l'autre, et que la célèbre passion de Thibaut pour Blanche n'est autre chose qu'un vrai roman

Quoi qu'il en soit, Louis se détournait de son entreprise pour aller châtier Thibaut, quand il mourut en Auvergne, au château de Montpensier, attaqué de la dyssenterie.

Postérieurement Raymond Trincavel, fils de Raymond-Roger, voyant toute résistance inutile contre les forces réunies de la France, prit le parti de céder les droits qu'il avait conservés et revendiqués sur Carcassonne, à Louis IX, roi de France, son souverain. Nous avons dit dans l'histoire du Lauragais comment Raymond VII, ou le Jeune, finit à Paris son existence politique et sa vie.

Ce fut entre la première et la seconde croisade albigeoise que parurent à Carcassonne quelques troubadours du pays.

Ici finit l'histoire de Carcassonne indépendante, et commence son histoire depuis sa réunion à l'empire français.

CHAPITRE XV.

Chronique abrégée.

Ce fut sous Saint Louis (1236) que Carcassonne demeura véritablement unie à la France.

Ce roi confirma les mortes-payes, sorte de garnison permanente composée de familles exemptes de contributions.

Ces places étaient héréditaires dans les premiers temps ; mais dans la suite elles purent être aliénées.

Les mortes-payes furent d'abord au nombre de deux cents : on les réduisit à cent dix dans la suite.

Quand la mémoire de Louis IX eut été canonisée, elles se mirent sous l'invocation de Saint Louis. Le 25 d'août, jour de sa fête, elles allaient à la messe et passaient la revue devant le château, cérémonie après laquelle on payait leur solde.

Après l'époque de Saint Louis remonte, à Carcassonne, l'établissement des religieux, d'abord dans les faubourgs et puis dans la ville, suivant cet ordre :

Les Dominicains, les Cordeliers, les Carmes, les Augustins et les pères de la Merci, d'après la date de leur admission dans la ville.

Les moines avaient défriché les solitudes.

Les religieux, différens des moines, vivaient d'aumônes, habitaient les faubourgs des villes et se rendaient utiles au clergé séculier.

Saint Louis, pénétré du bien qu'ils pouvaient opérer, vit avec plaisir la naissance de ces nouveaux corps, partageant son cœur entre les pauvres de Saint François et les prêcheurs de Saint Dominique.

Philippe-le-Hardi, fils de Saint Louis, fit don à la paroisse de Saint-Michel d'une somme pour étendre son cimetière.

Philippe de Valois engagea Carcassonne, comme les autres villes, à se ceindre de murs à cause des menaces de guerre avec l'Angleterre.

Il s'agissait du trône de France sur lequel Philippe de Valois montait appelé par la loi salique des premiers temps.

C'était au préjudice de la descendance par

femmes de Charles-le-Bel, en vertu de laquelle Edouard III, roi d'Angleterre, prétendait à la couronne.

Philippe n'était que le cousin de Charles.

Edouard III en était le neveu par sa mère Isabelle, épouse d'Edouard II, et sœur du même roi Charles.

En haine de toute domination étrangère, l'ancienne loi salique fut maintenue et renouvelée par les états-généraux.

Carcassonne fut réellement assiégée par le prince Noir ou prince de Galles ; mais la défense de la cité fut telle, qu'il se vit obligé de se retirer.

Toutefois la ville basse avait été dévastée et ruinée ; le roi la fit rebâtir régulièrement et telle qu'elle est par le gouverneur qui dirigeait alors la province (1459).

Louis XI, dur, bizarre et superstitieux, craignant de mourir, après s'être copieusement frotté de saintes huiles et de l'huile de la sainte ampoule, fit appeler de la Calabre l'ermite François de Paule, et se jetant à ses pieds avec larmes, le conjura d'alonger ses jours.

Le saint homme lui répondit qu'il ferait

mieux de se réformer, Dieu lui seul disposant de la vie.

Les disciples qu'il avait amenés formèrent ce qu'on appela les *bons hommes* de la simplicité de leurs mœurs, et les *minimes* de leur grande modestie pour être au-dessous même des cordeliers qui se disaient déjà *frères mineurs*, c'est-à-dire au-dessous des autres moines (1483).

Quand les circonstances eurent formé le faubourg de la Trivale un couvent de minimes y fut établi (1631).

Sous Henri III, dont le début en Pologne fut si brillant, la politique et les mœurs furent également déplorables. Tour à tour libertin et dévot, il donna dans tous les excès contraires. Ce fut alors qu'on vit naître à Carcassonne les Capucins, substitués à ce qu'on appelait l'église de l'abbaye, et les pénitens blancs, noirs, bleus et gris, les trois premiers établis dans la ville basse, et les quatrièmes à la cité. Tous ces pénitens étaient imités de l'Italie, relâchée et superstitieuse.

Sous Henri IV (1554) Carcassonne fut désolée par une de ces épidémies que l'histoire appelle des pestes. Quand arrivèrent les événemens de la Ligue, Carcassonne demeura fidèle au roi légitime, et le parlement nouveau de Toulouse y fut établi.

Louis XIII passant à Carcassonne pour aller faire l'acquisition du Roussillon sur l'Espagne, la ville lui fit une réception magnifique.

Et quand auparavant, d'accord avec le duc d'Orléans, Montmorenci s'était permis la révolte qui lui fut si funeste, Carcassonne était demeurée fidèle au roi légitime. — La livrée de l'armée insurgée était de couleur orange mêlée de bleu.

Arriva le règne de Louis XIV et le règne de Colbert ; la prospérité de Carcassonne date de cette époque.

Colbert fit perfectionner à Carcassonne ses anciennes et belles manufactures pour le Levant. Elles sont plus anciennes que Louis XI, et dès l'origine jalousées et contrariées par l'Angleterre et les Hollandais.

Les eaux de l'Aude sont généralement pures et sans mélanges qui puissent altérer les couleurs. Les teintures de Carcassonne acquirent une juste célébrité. Ses draps eurent dans tout le Levant une préférence bien méritée.

Carcassonne devint une ville manufacturière du premier ordre.

Des manufactures analogues s'établirent dans tout le voisinage, et les filatures les plus délicates s'étendirent sur la montagne Noire, surtout sur Villemagne et ses environs.

Ce fut vers cette époque que Carcassonne enrichie put fournir à ses embellissemens.

De cette époque datent ses places, les fontaines qui les décorent, les fontaines dans les rues et formées des eaux de l'Aude amenées par un long aquéduc.

Ce fut alors, qu'étant riche, elle put décorer ses églises, se donner un carillon de luxe, établir de magnifiques casernes ainsi que de beaux hôpitaux. Alors aussi ses murailles de défense furent abattues et changées en de belles allées par des plantations. Ce fut aussi pour lors que trop peu fidèle dans ses fabrications, elle perdit la confiance du Levant, adroitement envahie par l'Angleterre, confiance qu'elle n'a pas reconquise depuis.

Ce fut alors enfin, que trop fier peut-être, son commerce refusa de participer à la confection du canal, persuadé qu'on serait trop heureux d'avoir sur ses bords Carcassonne.

On sait qu'après de vaines tentatives faites sous Charlemagne et sous Henri IV, on eut l'heureuse idée de réunir les eaux de la montagne Noire et de la plaine de Bevel pour les conduire au niveau de Naurouse, d'où par d'ingénieuses écluses elles descendent d'une part dans la Garonne et la mer Océane, et de l'autre dans la Méditerranée en traversant les riches plaines du Languedoc.

Riquet ou Riquety, d'une famille noble établie à Beziers, mais originaire de la Provence et tenant à celle d'où sont sortis Mirabeau le père, auteur de l'*Ami des hommes*, et les deux Mirabeau, ses fils, l'un tribun célèbre de la révolution et l'autre défenseur ardent du privilége, Riquet, dis-je, fit l'entreprise de ce grand travail soutenu par Colbert et Louis XIV.

Le commerce de Carcassonne se trompa dans ses espérances. Riquet négligea Carcassonne, et fit passer à quelque demi-lieue le canal qu'elle avait semblé dédaigner.

A cette époque on débarquait à l'écluse de Foucaud, d'où l'on se rendait à Carcassonne, soit à pied, soit par une voiture publique.

Le commerce a compris depuis ses intérêts véritables. Le passage du canal à Carcassonne est exécuté.

De nouvelles eaux ont été remises sur la montagne dans un nouveau bassin, et de cette amélioration résultent des avantages communs pour le canal lui-même et pour Carcassonne.

Selon Justin, les Tectosages, outre les établissemens ci-dessus indiqués, en formèrent d'autres dans la Pannonie en passant par l'Illyrie.

Le nom de Carcassonne vient, suivant un étymologiste, de *Car*, ville en celtique, et de *Cassi*, limite; *Carcassi*, ville frontière entre les Tectosages et les Arécomiques, leurs voisins.

Les fortifications de la cité sont regardées comme un modèle des fortifications du moyen âge.

L'invention de la poudre a dû changer le système de défense, et par conséquent de l'attaque des places; il en est de même de celui des armes et de l'équipement : c'est toute une science nouvelle en comparaison de l'ancienne. L'attaque et la défense des places s'est progressivement améliorée depuis San-Michel, ingénieur de Vérone, jusqu'à l'époque de notre illustre Vauban.

Le gouvernement a toujours maintenu la cité comme un modèle historique de l'ancienne défense des places de guerre.

Le nom de Languedoc date des actes du parlement sous Philippe-le-Hardi (1280). La Loire partage la France en deux Frances distinctes, celle du Sud et celle du Nord. — Dans la première on répond affirmativement *oc* ou bien *o;* dans la seconde on répond affirmativement *ouil* ou bien *oui*.

La langue d'*oc*, voisine des Arabes-Abassides, fut perfectionnée avant la langue d'*ouil*. Elle avait ses poètes et ses écrivains en prose, quand la langue d'*ouil* était encore barbare. — Le gouvernement s'établissant chez la langue d'*ouil* à Paris, et François Ier la déclarant langue des actes publics, la langue d'*oc* a dû perdre sa prééminence nationale. — Quelques méridionaux ont même la fausse honte de la connaître et d'en faire usage. Mais le public méridional la conserve comme langue originale, plus riche et grammaticalement plus parfaite que la langue française, et certainement ce public n'a pas tort (*).

(*) J'insère ici pour les curieux, sur l'idiome méridional, une analyse que d'autres pourront omettre.

La langue des anciens cessa d'être en crédit avant la rédaction des grammaires dues à l'étude des langues grecque et latine, amenée par les savans que les Turcs avaient chassés de Constantinople. Il n'est pas étrange

— Durant le siége de Carcassonne, par Simon de Montfort, une chaleur excessive fit tarir les puits, ce qui fut cause de la reddition de la ville. Une tradition populaire ajoute qu'une grande partie des habitans se sauva par des souterrains

qu'on n'ait jamais fait une grammaire régulière et raisonnée de la langue d'*oc*. L'ignorance et le dédain ont traité de jargon cette langue grammaticalement plus parfaite que sa sœur la langue française, devenue plus heureuse.

Ayant pour mon usage fait une étude particulière de cet idiôme, on permettra que je consigne ici quelques aperçus sur la grammaire du dialecte particulier qui se parle dans les pays du Haut-Languedoc.

Il est incontestable que cette langue fut la mère du français, de l'espagnol, du portugais et de l'italien.

Il paraît également qu'elle-même demeura long-temps la langue usuelle de nos contrées. Voici le caractère précis de cette langue, extrait d'une grammaire étendue.

Les lettres sont les lettre romaines.

Son vocabulaire usuel est latin et celtique; son vocabulaire technique est tiré du grec; les mots, quant à leurs espèces, sont au nombre de dix, car la langue reconnaît l'article.

Quant aux modifications, elle a deux genres, le masculin et le féminin; deux nombres, le singulier et le pluriel, terminés régulièrement par *s;* six rapports, le nomi-

qui communiquaient du fort de Carcassonne aux trois forteresses du Cabardès.

— Le pont de l'Aude eut pour objet de faire communiquer la ville avec quelques faubourgs qui déjà s'élevaient, et qui furent remplacés par d'autres, par où l'on préludait au grand fau-

natif et l'accusatif, indiqués l'un par sa place avant, l'autre par sa place après le verbe; le génitif, marqué par *de;* le datif marqué par *à;* le vocatif précédé de l'exclamation *ô*, et l'ablatif désigné par une des prépositions ablatives; trois degrés, dont le supertatif est désigné par la triple répétition de l'adjectif, *sabent*, *sabent*, *sabent*, ce qui répond au *ter* ou *très* des langues latine et française. Dans les verbes, elle reconnaît trois personnes indiquées par des terminaisons, sans pronoms, deux nombres, trois temps principaux, quatre modes, une seule voix servant pour l'actif et le neutre, avec une phrase passive qui lui tient lieu de passif; enfin quatre conjugaisons dérivées des quatre conjugaisons latines, terminées, à l'infinitif, en *a*, *aima*, en *é* long, *poudé*, en *i*, *senti*, en *e* bref, *respoundre*.

Quant à la syntaxe, elle renferme les deux concordances et les divers régimes par préposition, par adverbe, par conjonction et par interjection.

Sa versification en était consignée dans les troubadours, quand la langue française était encore à chercher la sienne.

bourg, qui devint ensuite la ville basse. Ce pont existait en 1284. C'était sans doute les vicomtes de Carcassonne, d'accord avec les comtes de Toulouse, qui l'avaient construit.

— Des trois tours des Ilhes, la première s'appelait Cabaret, la seconde Régine et la troisième Fleur-d'épine. D'après la statistique de l'Aude, la première avait un gouverneur avec deux cents livres de gages; le gouverneur de la seconde avait seulement quarante livres de gages; on ne dit rien de la troisième. Vers le quinzième siècle les trois tours n'avaient ensemble qu'un seul gouverneur.

— La première cathédrale fut commencée après Clovis et terminée par Charlemagne; elle fut brûlée depuis, et rebâtie au onzième siècle (1096). Depuis, la ville basse s'agrandissant à mesure, la demeure de l'évêque y fut transportée, sous M. de Besons; son prédécesseur Rochebonne avait encore à la cité sa maison épiscopale.

— On prétend que les mortes-payes sont plus anciennes que Saint Louis; qu'elles furent imposées au pays par Arton et confirmées par Simon de Montfort pour défendre le château; que les nouveaux possesseurs des terres les composaient à charge de s'entretenir par eux-mêmes; en les conservant comme utiles, Saint Louis ne fit que les régulariser.

— C'était au château de la cité qu'avaient d'abord logé les vicomtes et les comtes. Postérieurement ce château fut long-temps une prison d'état, une maison de détention pour certains enfans de famille.

Le gouverneur était appelé connétable ; un prévôt avait, sous lui le commandant de la place; un lieutenant de robe longue y rendait la justice. En 1553 eut lieu la création d'un procureur du roi.

CHAPITRE XVII.

Usages.

C'est toute une histoire que celle de nos armes modernes.

Vers le troisième ou quatrième siècle, une population entière se levait en armes pour changer de place, envahissait, s'établissait, partageait le territoire avec les anciens possesseurs, ou, suivant les cas, les faisait serfs, sorte d'esclaves attachés à la glèbe.

Sous l'administration féodale, la convocation du ban et de l'arrière-ban mettait sous les armes des armées innombrables ; mais comme, faute de magasins, elles ne devaient qu'un temps limité de service, ces multitudes se levaient comme elles se dissipaient, d'un clin d'œil ; et de là les cinq cent mille hommes et les cent mille hommes de Simon de Montfort et des comtes de Toulouse.

Charles VII établit, je crois, les premières troupes permanentes

Louis XIV leur donna les premiers habits uniformes.

Sous Louis XV l'armée eut une belle tenue, tenue plus ou moins élégante, selon que le ministre de la guerre avait plus ou moins de goût.

A cette époque l'armée française se composait de troupes de ligne destinées à la guerre, et recrutées par enrôlement volontaire, et de milices levées par tirage au sort et destinées en cas de guerre à former la garnison des places.

En temps de paix les régimens de ligne composaient les garnisons ordinaires, et les milices étaient dispensées du service. Les intendans des provinces avaient la charge de lever les milices, opération qu'ils faisaient par leurs subdélégués.

La cité de Carcassonne, considérée comme place forte, était pour les milices un des rendez-vous ordinaires. On les organisait, on les passait en revue ; elles tenaient garnison pendant quelques semaines, et quand on les jugeait suffisamment préparées elles étaient renvoyées dans leurs foyers. Du reste on les passait en revue de temps en temps, afin de les tenir en haleine.

Il existait à Carcassonne une coutume qui datait de Charles VII et de Louis XI. Les arbalétriers formaient une bonne partie des armées à cette époque, et de même qu'on exerce aujourd'hui nos soldats à la cible, on exerçait autrefois les troupes à tirer de l'arc. — Les arbalétriers formant une partie des armées, cet exercice avait lieu dans toutes les villes, ce qui fit établir les compagnies bourgeoises appelées *compagnies de l'arc*. — Détruit par l'invention de la poudre et des armes à feu, cet usage s'était maintenu dans la cité de Carcassonne. A jour fixe, la compagnie des arbalétriers se rendait sur la place d'armes. — Une colombe, au moyen d'un ruban, était attachée par la pate au sommet de la tour la plus élevée; il s'agissait ou d'atteindre la colombe ou de couper en deux son ruban. Le premier qui pouvait en venir à bout, outre qu'il obtenait un prix, était l'objet d'une fête de famille. — Je n'ai pas été témoin de la fête quand j'étais jadis à Carcassonne; mais c'est ainsi que m'en fut fait le récit.

L'histoire de Carcassonne par le P. Bouges raconte la chose autrement. Les objets de mire étaient d'abord un aigle, ensuite un serpent de bois; il fallait les abattre à coups de fusil, attachés qu'ils étaient à deux perches. Les consuls de la ville étaient admis avec la jeunesse à cette dispute de prix. L'invention de la poudre avait sans doute fait changer le mode et les formes.

———

Il existait à Carcassone un autre usage dont on ignorait l'origine et l'époque. Vers Noël les jeunes gens d'une petite rue de St-Vincent allaient dans la campagne battre les haies : il s'agissait de prendre un roitelet vivant. Le premier qui pouvait en venir à bout le portait chez un commissaire délégué tout exprès. Là, le procès-verbal était dressé devant des témoins en grand nombre. Dès lors le preneur était désigné comme étant le roi de la fête : il formait sa cour à la manière de la cour régnante ; on préparait d'élégans costumes, et le jour des rois, à la grand'messe, il allait à l'offrande avant les divers officiers publics.

C'était sans doute un reste de l'ancienne habitude d'enseigner la religion par les faits. Celle-ci devait rappeler l'adoration des rois-mages.

Bien d'autres cérémonies, dont l'histoire a conservé le souvenir, avaient la même intention pieuse.

Tel était l'enterrement de l'*Alleluia*, fait dans

certain chapitre, aux approches du carême, par les enfans de chœur ; et dans tel autre l'usage de le leur faire chasser de l'église après l'avoir écrit sur une toupie.

Telle était la cérémonie de l'ânesse, et la messe du *Hian*, les jours des Rameaux où l'on chantait *kyrie Hian, gloria Hian, sanctus Hian, agnus Dei Hian.*

Telle encore la cérémonie du *Deposuit.* Dans tel jour de l'année quand on chantait au *Magnificat : Deposuit potentes de sede et exaltavit humiles, il a fait quitter leurs places aux puissans et il a élevé les humbles*, les chanoines descendaient de leurs stalles dont s'emparaient de suite les prébendes. On appelait cette cérémonie faire le *Deposuit.*

Dans quelques églises de la Belgique c'était encore bien mieux : on simulait le crucifiement d'un jeune homme qui semblait mourir le vendredi saint, à trois heures.

L'histoire de la religion était renfermée de même dans les processions du sacre ou de la Fête-Dieu.

Cette procession symbolique avait lieu dans les deux cathédrales d'Angers et d'Aix.

Elle durait pendant tout un jour pour indiquer la marche des temps et des siècles.

Dans la première figuraient des personnages de cire.

Dans la seconde c'étaient des personnages réels.

On y voyait successivement le Paganisme, l'Ancien Testament et le Nouveau Testament, c'est-à-dire, les pélerins, les métiers, les pénitens, les moines, les paroisses, les chapitres, le dais, les autorités diverses et la masse du peuple

---

Saint Stapin fut, dit-on, un des anciens évêques de Carcassonne. La légende porte qu'il vécut à Dourgne dans les solitudes de la montagne Noire, et que son intercession puissante produisait des effets miraculeux. Dès-lors, dans les rocs conduisant à sa chapelle on avait creusé les formes des diverses parties du corps qui pouvaient être affligées de maladies. Les malades mettaient pieusement leurs membres dans les formes analogues, tandis que, pour une faible somme, des prêtres attirés en grand nombre récitaient les prières qui convenaient. — Le jour de St.-Staprin, au mois d'août, des populations sans nombre arrivaient de dix lieues à la ronde, habitant plus ou moins de nuit cette solitude. Des abus inévitables avaient fait détruire cet usage par M. de Bezons.

CHAPITRE XVIII.

RÉUNION DES NOTES DIVERSES.

Les consuls de Carcassonne, d'abord au nombre de six, furent ensuite réduits à quatre. Les personnes que cette nomenclature intéresse la trouveront longuement établie dans le P. Bouges, à partir de l'époque de Saint Louis.

SERMON EN VERS

Imité de l'inquisiteur dominicain Izarn, troubadour.

Parle si tu le peux, détestable hérétique,
Et que la vérité par ta bouche s'explique !
Serais-tu donc sorti des gouffres de l'enfer ?
Es-tu, comme tu crois, le fils de Lucifer ?
Crois-tu dans ta doctrine impie et détestable
Que tu seras sauvé par les œuvres du diable ?

Dieu seul a créé l'homme et la femme après lui,
Pour être sa compagne, et loin de tout ennui

Vivre s'il l'eût voulu, dans un lieu de délices.
Malheureux qui du crime a goûté les prémices !
Quand tu n'es que d'hier... ton père le démon
Depuis plus de mille ans demande son pardon !

Non, je ne croirai point que l'homme mon semblable
Soit, comme tu le dis, un chef-d'œuvre du diable!
Dieu, dès le premier temps, le forma de sa main,
Et fut à son image un chef-d'œuvre divin.

Millot, Histoire des Troubadours.

LA DAME ET LE PERROQUET,

Anecdote poétique.

Dans l'enclos d'un riant bosquet,
Prenait l'air une belle à l'ombre du feuillage.
Près d'elle arrive un gentil perroquet
Chargé du plus galant message.
Puisse Dieu vous garder, dit l'oiseau babillard,
Et vous tenir riante et belle !
Je viens vous requérir d'une faveur nouvelle ;
Voudrez-vous aimer par hasard
Le jeune fils du roi qui tendrement vous aime?
— Non je ne puis l'aimer de même,
Mon cœur est déjà pris et mon sort arrêté.

— Quoi ! serait-ce pour rien que de tant de beauté
Le ciel aurait doué personne si gentille ?
Est-ce pour rien qu'en vous tant d'aménité brille ?
    A ces attraits joignez quelque bonté !
— Perroquet libertin, dit la jeune personne,
Va proposer ailleurs tes profanes amours.
    Jamais deux fois cœur sage ne se donne :
Quand une fois on aime on doit aimer toujours.

    Armand, *troubadour*; Ducarcasse, *idem*.

LES MOEURS DU TEMPS,

Peinture du treizième siècle.

Au nom du père glorieux
Qui tous nous fit à son image,
Je chante pour l'homme pieux,
Non pour le méchant qui l'outrage !

Personne aujourd'hui ne sert Dieu,
Comtes, ni ducs, ni gens d'église !
Jadis on allait aux saints lieux,
La croisade plus n'est de mise !

L'empereur dépouille les rois ;
Les rois dépouillent ducs et comtes ;
Ceux-ci, pour de prétendus droits,
Pillent et prennent des à-comptes !

Il n'est point de petits vassaux
Qui ne fassent leurs injustices ;
Bergers négligent les troupeaux,
Ouvriers ne font leurs offices.

Tel médecin fort ignorant
Exerce un métier qu'il ignore ;
Il tue, exige son argent,
Et quelque fois se plaint encore.

Les jongleurs par des contes faux
Amusent les gens à la ronde,
Et souvent ils courent le monde
Escroquant l'argent des badauds.

Chaque mari trompe sa femme,
Mais sa femme le lui rend bien.
Le monde est un commerce infâme
Où tout se fait hormis le bien.

FOULQUET DE LUNEL, *idem*.

CONDITIONS ORIGINALES PROPOSÉES A RAYMOND VI AVANT LA BATAILLE DE MURET.

Que le coumté cessario et dounario coungel tout incountinent a toutis les qué li croun benguts douna aido et secours, sans ne reténé un tant solament.

Item, qu'à la gleiso sario obedient ; étouts les costs e doumatges réparario, é en aquelo, tant que biura sara subjet sans diguno countradictiou.

Item, qu'en touto sa terro nou se manjario qué dé dos carns.

Item, que le coumté Ramoun cassara toutis las iratges (hérétiques) *è loros aliats de toutos sas terros.*

Item, que ledit coumté Ramoun bailara e delibrara entre las mas del dit légat et coumté de Mountfort touts e cascuns d'aquelis que per els seran declarats e dits, perné far à lour vouloutat e plaser; è asso dins le tems d'un an.

Item, qu'en toutas sus terras hommé que sia tant noblé qué vila non portara digum habillomen de prets; sounqué capos negros e maissantos.

Item, que touts castels e plaços los-quals soun de défenso fara abattré e démouli sans laissa re.

Item, que digun gentilhommé des sius ni noblé dins aucuno plaço non demourara; mais per déforo, per les camps coumo si ero vila ou paisan.

Item, quand le dit coumté Ramoun aura ço-dessus fait é accoumplit, sén ira per far la guerro countro les Turcs infidelos e aiço dens l'ordre de Sant-Joan, sans jamai pus deça retourna qué per ledit legat nou li sio mandat.

Item, qu'après qué tout so dessus sara accomplit coumo dit es, toutos sas terros e segnourias li saran randudas e délivradas per le dit légat e coumté de Montfort quand lour plaira.

Le comte de Toulouse en voyant ces conditions, comme nous avons dit, se mit à rire.

On voit d'après ce texte que depuis son origine le dialecte de la langue d'oc de Toulouse n'a pas changé.

FIN.

www.ingramcontent.com/pod-product-compliance
Lightning Source LLC
Chambersburg PA
CBHW070318100426
42743CB00011B/2468